Merci à Fabienne pour le dessin de la vache ailée

ISBN 978-2-211-20224-4
www.ecoledesloisirs.fr
www.ecoledesmax.com

*Loi n° 49.956 du 16 juillet 1949
sur les publications destinées
à la jeunesse :
septembre 2009
Dépôt légal : novembre 2010
Imprimé en France par Jean Lamour à Maxéville*

FABIAN GRÉGOIRE

LES CRISTAUX DU MONT-BLANC

mise en images par l'auteur

ARCHIMÈDE
l'école des loisirs
11, rue de Sèvres, Paris 6e

EN QUELQUES MINUTES, le temps venait de changer. Cela arrive souvent en haute montagne… Pris dans les bourrasques de neige, deux hommes avançaient avec peine sur la mer de Glace.
« On est en face du Dru !… On approche du Montenvers ! cria Édouard, qui venait d'apercevoir le sommet dans une trouée du ciel.
– Nous sommes sauvés ! » pensa alors Paul avec soulagement.

C'est à cet instant précis
que l'une de ses semelles
glissa…
Le temps de comprendre ce qui lui arrivait, il dévalait déjà la pente à plat ventre.
« Paul ! » hurla son ami.
La corde qui reliait les deux hommes se tendit brusquement, et Édouard dévissa à son tour…
Voilà les deux montagnards entraînés dans une glissade vertigineuse, secoués par des chocs répétés sur la glace.
« On va y rester ! » pensa Édouard l'espace d'une seconde.

Dans un effort désespéré, il se redressa et, d'un large et rapide mouvement des bras, il abattit violemment son piolet sur sa droite…

La secousse fut terrible, et il faillit lâcher prise ! Heureusement, Édouard était un solide gaillard : il tint bon, et les deux hommes s'immobilisèrent enfin, après une chute de près de cent mètres !

« On l'a échappé belle ! » murmura Paul après quelques secondes de silence.
En effet, un peu plus bas, le glacier plongeait vers un petit lac…
« Et les cristaux ? demanda soudain Édouard en jetant des regards à la ronde.
Où sont les cristaux ?
– C'est toi qui les avais ! répondit Paul, hagard.
– Tu plaisantes ? Tu n'as pas voulu que je les porte ! »
Paul allait protester, mais, cherchant à se relever, il ressentit une violente douleur au genou.

« Bon sang, ma jambe ! » gémit-il en serrant les dents.
Oubliant la dispute, Édouard l'aida à se mettre debout et, tant bien que mal, les deux hommes reprirent lentement le chemin de Chamonix.
Entre deux grognements de douleur, Paul jetait des regards accablés vers le brouillard de neige dans lequel leur trésor s'était perdu...

« Et vous en aviez beaucoup ? demanda la mère.

– Une bonne vingtaine ! Des quartz parfaitement transparents ! On en aurait tiré au moins soixante francs ! Aïe ! »

Assis au coin du feu, le genou enveloppé d'un linge chaud, Paul enrageait :

« Ça fait sept ans que j'explore ce coin. Et je n'avais jamais trouvé de cristaux pareils ! Un four magnifique… Et il y en a encore dedans ! »

Un four : c'est comme ça qu'on appelle une faille remplie de cristaux de quartz.

La mère tenta de le calmer :

« S'il en reste, inutile de t'inquiéter ! Ils ne vont pas s'envoler…

– Ah, tu crois ça ? Avec tous les gens qui fouinent là-haut ! »

Assise sur sa chaise, Joséphine jeta un regard à son frère. Elle n'aimait pas l'entendre râler : elle trouvait cela inutile.
« Et toi, Édouard… Tu ne peux pas y retourner ? demanda la mère.
– Ah non, madame ! Je n'irai pas risquer ma vie là-bas une deuxième fois.
– Tu as la trouille, hein ! » ricana Paul.

« Moi, je veux bien y aller ! » lança alors Joséphine.
Paul éclata de rire :
« Ah, ça, c'est une idée ! Vous n'avez qu'à faire équipe tous les deux ! Un poltron et une gamine, à deux mille cinq cents mètres d'altitude !
Ah, ce serait beau… »

«Poltron, moi ? Dis donc, sans mon aide, tu serais au fond du ravin, à l'heure qu'il est ! » grogna Édouard en se dirigeant vers la sortie.
Puis il ajouta :
« Salut la compagnie ! Je retourne travailler avec des gens qui me respectent ! »
Il remit son chapeau et sortit en claquant la porte.

« Paul, tu exagères… », murmura la mère.

Sur sa chaise, le jeune homme haussa les épaules. Joséphine s'approcha doucement.

« N'empêche que je pourrais y aller, moi… murmura-t-elle en mâchonnant un cerneau de noix.

– Arrête tes bêtises, Fifine ! répondit son frère. Les filles seront cristalliers quand les vaches auront des ailes ! »

Joséphine fit la grimace : elle trouvait cette expression ridicule et, surtout, elle détestait qu'on l'appelle « Fifine ».

Deux jours plus tard, profitant de son repos forcé, Paul réparait sa faux devant la maison.
« Alors, il paraît qu'on a trouvé un beau four à cristaux dans la Vallée-Blanche ? » lui lança un homme qui passait sur le chemin.
C'était le grand Simond, un cristallier du village d'Argentière.
« Qui t'a dit ça ? s'énerva Paul.
– Hé, hé ! C'est un petit pays : tout se sait ! Je crois que je vais aller faire un tour là-haut…
– Fumier ! Ces cristaux sont à moi ! hurla Paul.
– Les cristaux sont à qui va les chercher ! » rétorqua le grand Simond.
Hors de lui, Paul lui jeta sa chaussure.
Le cristallier esquiva, et s'éloigna en riant…

«… Quand les vaches auront des ailes ! »

Au même moment, dans un bois tout proche, Joséphine racontait toute l'histoire à ses amies.

« Il a dit ça ? Donc, il ne croit pas que des filles puissent monter là-haut ?

– Non ! Mais je sais quand même où est le four : Édouard me l'a expliqué…

– Tu lui as dit que tu voulais y monter ?

– Tu rigoles ! Je me suis juste débrouillée pour le faire parler… »

« Il m'a dit que c'était au pied de la Dent du Requin… »

Aurélie prit la parole. C'était la plus âgée du groupe, mais, surtout, son oncle Hubert était membre de la Compagnie des guides de Chamonix.
« La Dent du Requin, ce n'est pas si loin que ça… Je suis passée devant plusieurs fois avec Hubert, en allant en Italie par le col du Géant. »
Aurélie parcourait la montagne depuis l'âge de onze ans, et elle était bien décidée à devenir la première femme guide de la vallée de Chamonix. C'est elle qui dirigerait l'expédition.

Car, peu à peu, le projet des filles avait pris corps : monter à la Dent du Requin pour aller y chercher les cristaux laissés par Paul et Édouard.

Aurélie se procura une corde, des perches et des piolets. Victoire emballa du pain et du fromage pour la journée…

Marie, quant à elle, trouva un gros sac de toile pour transporter les cristaux, tout en se demandant si le chargement ne serait pas trop lourd…
Chacune à la maison inventa un prétexte, et le surlendemain, vers cinq heures du matin, quatre ombres s'élançaient en direction du Montenvers…

Il fallait plus de deux heures depuis Chamonix pour atteindre l'alpage du Montenvers qui était le chemin le plus rapide pour atteindre la mer de Glace, le plus grand glacier de la région… Les filles connaissaient ce paysage par cœur. Elles passèrent sans s'arrêter.

«La Dent du Requin c'est là-bas, en remontant le glacier du Tacul…» expliqua Aurélie en montrant du doigt une vallée qui s'ouvrait sur la droite.

Progressivement, le sentier qui longeait la mer de Glace laissait place à des amas de rochers. Marie les surveillait du coin de l'œil.

« Il ne faudrait pas que l'un d'eux nous tombe dessus », songea-t-elle.
Telle une armée gardant l'entrée de la haute montagne, les blocs bleutés se dressaient en tous sens, menaçants...
« Tout à l'heure, il faudra s'encorder et marcher directement sur le glacier, fit la chef d'expédition.
– Tu veux marcher là-dessus !? s'étonna Victoire.
– Oui, plus loin, sa surface est plus plate ! » lui expliqua Aurélie.

Un peu plus haut, les quatre filles trouvèrent un passage pour se hisser directement sur la glace. Aurélie jeta au sol le rouleau de corde qu'elle portait en bandoulière. Elle le déroula et expliqua à ses amies comment s'attacher…

Et bientôt, Victoire, Marie, Joséphine et Aurélie se retrouvèrent unies en une même cordée. « Maintenant, faites bien attention ! Si l'une de nous glisse, les autres doivent la retenir ! Soyez toujours prêtes à vous cramponner à vos perches et à vos piolets ! Et gardez toujours la corde tendue entre vous ! »

Le glacier s'élevait en pente douce, mais la marche était tout de même bien éprouvante, à cause de l'altitude. Soudain, un bruit leur fit lever la tête : du haut d'un éboulis, un œil rond les observait avec étonnement…
« Un chamois ! » s'exclama Victoire. La bête fit demi-tour, et s'éloigna à grands bonds.
« Si Paul était là, il en aurait fait son affaire ! » fit Joséphine.
Lorsque son frère ne chassait pas les cristaux, il chassait le chamois…

Victoire, elle, était bien contente que Paul soit resté dans la vallée. La vue de l'animal qui escaladait gracieusement les rochers la remplissait de joie…

Si les filles avaient levé la tête un peu plus, elles auraient remarqué une autre présence : une silhouette qui se déplaçait elle aussi avec agilité, mais qui n'avait rien d'un chamois… C'était le grand Simond qui, monté la veille, avait bivouaqué à deux mille quatre cents mètres d'altitude, et essayait de trouver ce four à cristaux dont il avait entendu parler…
Perché sur sa falaise, il avait, lui, bien vite repéré les quatre filles avançant à pas lents sur le glacier du Tacul.

« Voilà la Dent du Requin ! Là, à droite, c'est le glacier d'Envers… »
Aurélie connaissait le nom de chaque sommet, de chaque glacier…
Victoire se tourna vers Joséphine.
« Alors, Jo ? Il est où, le four à cristaux de ton frère ? »
Autant Joséphine détestait le surnom que lui donnait Paul, autant elle appréciait quand ses amies l'appelaient Jo…
« Édouard m'a dit que c'était au pied de la Dent, juste après la moraine du glacier d'Envers.

– Ce n'est pas très précis…, remarqua Aurélie.
– Si, si ! Il a dit que c'était juste sur la rive,
là où la glace a fondu ce printemps… »

«Alors, c'est là ? interrogea Victoire.
– Je ne suis pas sûre… Je n'y vois pas grand-chose ! » répondit Joséphine.
Grâce aux indications d'Édouard, les filles avaient rapidement localisé la fissure où devait se trouver le four. C'est Joséphine qui s'était glissée la première entre la paroi de granite et le mur de glace. Ses amies la rejoignirent en hâte…
«Tiens ! Avec ça, tu devrais y voir plus clair… » fit Aurélie en lui tendant la lampe que Marie, prévoyante, avait apportée dans son sac.

Joséphine avança la flamme, qui illumina d'un coup le fond de la cavité… Une multitude de cristaux transparents tapissaient la roche !

« Ils sont magnifiques ! s'écria-t-elle.

– Je m'attendais à mieux…, souffla Victoire.

– Une fois nettoyés, tu verras que j'ai raison », rétorqua Joséphine.

Les nombreux butins de son frère avaient aiguisé son œil : elle savait reconnaître un beau cristal.

C'est donc elle qui, armée d'un piolet, rampa dans la faille pour procéder à la collecte. Elle réussit, au prix de longs efforts, à détacher quelques-uns des plus beaux cristaux.

Au fur et à mesure, Marie les emballait avec soin dans du papier journal, puis elle les rangeait dans son sac.

« Ben… finalement, c'est vrai qu'ils ne sont pas vilains », reconnut Victoire, après avoir frotté l'un des quartz contre la toile de sa robe…

Le sac de Marie fut bientôt plein : les quatre amies avaient atteint leur objectif.
La cordée reformée, elles reprirent joyeusement le chemin du retour. Les jeunes montagnardes marchaient depuis cinq minutes, lorsqu'un éboulement de pierres se fit soudain entendre derrière elles…
« Encore un chamois ? demanda Victoire sans se retourner.
– Si c'est un chamois, il a une drôle d'allure », répondit Aurélie. Elle avait le visage crispé.
Marie, Victoire et Joséphine se retournèrent…

« C'est le grand Simond, je le connais. Il est cristallier, lui aussi ! s'exclama Joséphine.
– Il n'a pas l'air de nous vouloir du bien, fit Aurélie. Fichons le camp ! »
Les quatre amies s'élancèrent au pas de course sur la glace.
En les voyant détaler, le chasseur de cristaux se mit à hurler :
« Le four, dites-moi où est le four !... J'ai le droit de savoir : la montagne est à tout le monde ! »

Les quatre filles avançaient aussi vite qu'elles pouvaient. Mais, en queue de cordée, Joséphine avait bien du mal à suivre : elle payait les efforts déployés pour arracher les cristaux aux parois du four…

« C'est complètement idiot… On ne pourra pas courir comme ça jusqu'à Chamonix », songea Aurélie.
C'est en ralentissant l'allure qu'elle comprit son erreur : elle s'était écartée de leur itinéraire du matin, et avait conduit la cordée au beau milieu des crevasses du glacier d'Envers !
Le grand Simond gagnait du terrain…
« On fait quoi… ? » demanda Marie, qui essayait de reprendre son souffle.

« On va passer le pont de neige. C'est la seule voie possible.
– Tu es folle ! s'exclama Joséphine. Moi, je ne monte pas là-dessus !
– Alors, tu n'as qu'à t'arranger avec Simond ! Ça sera vite réglé, crois-moi : il va prendre tous nos cristaux. Au revoir et merci ! »
Joséphine serra les dents à cette idée, et fit signe à Aurélie d'avancer.
La chef de cordée tailla rapidement quelques marches dans la glace, ce qui permit aux jeunes montagnardes de passer l'obstacle en vitesse.

Une fois la troupe regroupée sur l'autre rive, Aurélie empoigna son piolet.
« Victoire, aide-moi ! »
Elle se jeta sur le bloc de neige qui servait de support au pont, bientôt imitée par Victoire…
« Il arrive ! » hurla Marie en voyant approcher le cristallier.
Les coups de piolet redoublèrent…
Et, dans un bruit effrayant, le pont de neige tout entier s'effondra soudain dans la crevasse !

« Le temps qu'il fasse le tour, on sera déjà loin ! » s'exclama Joséphine.
Elle avait à peine fini sa phrase qu'un hurlement emplit le ciel : ayant pris son élan, le cristallier venait de bondir par-dessus la crevasse. Il atterrit à un mètre de Marie, qui poussa un cri d'effroi.

Le grand Simond avait déjà le sourire aux lèvres, lorsque, à sa grande surprise, il vit Marie s'élever au-dessus de lui...
Il comprit, après une demi-seconde, que ce n'était pas Marie qui s'élevait, mais lui qui était en train de tomber : la langue de glace sur laquelle il avait sauté venait de céder sous son poids.

Les quatre filles poussèrent un cri d'horreur et se jetèrent en arrière.
Effrayée à l'idée de ce qu'elle allait découvrir, Aurélie s'approcha du bord du précipice et se pencha au-dessus de la crevasse. Et soudain, elle éclata de rire : en contrebas, le grand Simond se frottait le postérieur en gémissant. Dans sa chute, il avait déchiré son pantalon : ses fesses étaient aussi rouges que ses joues.

Sans rancune, la chef de cordée lui jeta une perche.
« Tiens, avec ça tu pourras sortir… Mais dans cette tenue, à ta place, j'attendrais la nuit pour rentrer à Argentière ! »

La suite du retour se déroula sans encombre. Plus d'une fois, les quatre amies s'arrêtèrent pour reprendre leur souffle : non pas à cause de la fatigue, mais pour avoir trop ri en écoutant Aurélie décrire l'allure du pauvre cristallier…
Vers six heures du soir, les jeunes montagnardes étaient de retour à Chamonix.
À la demande de Joséphine, Victoire fit un crochet par la maison de ses parents, pour aller chercher une feuille de carton et un crayon.

Appuyée contre un muret, elle traça un motif avec soin…
Et bientôt, des sourires illuminèrent le visage de ses trois complices.
« Maintenant, on peut y aller », décida-t-elle.

Elles trouvèrent Paul assis devant la maison, la jambe toujours au repos.
«Ah, vous voilà ! Avec la mère, on commençait à se demander où vous étiez passées… Vous venez d'où, avec tout ce matériel ? »
Joséphine jeta un regard pétillant à ses amies, s'approcha de son frère et lui posa le dessin sur les genoux.

«Qu'est-ce que c'est que ça ? demanda Paul.
– Tu sais, il s'est passé de drôles de choses, aujourd'hui, dans la montagne», répondit simplement Joséphine.

Les quatre amies se regardèrent en éclatant de rire.

Puis elles tournèrent les talons, laissant Paul face à son énigme…
Au fond du sac de Marie, bien cachés dans le papier journal,
les cristaux arrachés à la montagne prouvaient que, ce jour-là,
dans la vallée de Chamonix, les vaches avaient eu des ailes…

Pour en savoir plus

Vue d'avion d'une partie du paysage, où se passe notre histoire en amont de Chamonix et du massif du Mont-Blanc. Photographie prise en 1921.

Touristes au Montenvers dans les années trente avec, au fond, la mer de Glace.

Glaciers et réchauffement climatique

Les glaciers sont formés par l'accumulation de neige à haute altitude ou dans les régions polaires. À cause du froid et du tassement, cette neige se transforme en glace. Dans les Alpes, elle peut ainsi couvrir des sommets – on parle alors de calotte glaciaire – ou s'écouler dans les vallées – ce sont les glaciers de vallée, ou glaciers alpins.

Les glaciologues (scientifiques qui étudient la glace) divisent les glaciers en deux parties :

• la zone d'accumulation – où la quantité de neige accumulée durant l'hiver est plus importante que la quantité de neige qui fond en été.

• la zone d'ablation – où la chaleur fait fondre non seulement la neige de l'hiver, mais aussi une partie de la glace qui descend de la zone d'accumulation.

Un glacier où l'accumulation est la plus forte va grandir : il avance. Un glacier où l'ablation domine va réduire de taille : il recule.

Dans les Alpes françaises, les mesures de croissance et de recul des glaciers ont commencé vers 1870. C'est le recul qui a toujours dominé, avec quelques crues (avancées du front du glacier) vers 1890, 1920 et 1960. Un recul important a eu lieu vers 1940, et un autre vers 1990, qui continue aujourd'hui de façon inquiétante.

Les plus importants glaciers

Lambert (Antarctique)
Malaspina (Alaska)
Austfonna (Svalbard, Norvège) surface : 8 200 km²
Fedtchenko (Tadjikistan)
Vatnajökull (Islande)
Jostedalsbreen (Norvège)
Aletsch (Suisse), plus grand glacier des Alpes
Fiesch (Suisse)
Gorner (Suisse)
Mer de Glace (France) est le glacier français le plus célèbre, 12 km de long
Bossons (France)
Argentière (France)

Ce phénomène est général dans les Alpes: entre 1995 et 2000, sur les 284 glaciers observés en Autriche, France, Italie et Suisse, 273 étaient en recul…

L'évolution est la même aux quatre coins de la Terre: dans la chaîne de l'Himalaya (Asie), dans les Andes (Amérique du Sud), dans les montagnes Rocheuses (Amérique du Nord)… Ce recul généralisé est causé par un réchauffement du climat sur toute la planète. Les scientifiques pensent que ce réchauffement est provoqué par la pollution dégagée par les activités humaines (usines, gaz d'échappement, élevage intensif…).

La Mer de Glace en 2008 (en haut) et en 1940 (ci-dessus).

Carte des glaciers du massif du Mont-Blanc en 1923, époque de la construction du téléphérique.

Les glaciologues du monde entier suivent ce recul des glaciers. Ils échangent leurs informations au sein du *World Glacier Monitoring Service* (Service de surveillance mondiale des glaciers). En France, le Laboratoire de glaciologie et géophysique de l'environnement de Grenoble étudie de près l'évolution de cinq glaciers français, dont la mer de Glace.

La mer de Glace

Longue de douze kilomètres, la mer de Glace est le plus grand glacier de France, et le troisième des Alpes par sa taille. Elle est

Avec le tourisme de montagnes arrivent aussi les cartes postales.

alimentée par les glaciers de Talèfre, de Leschaux, du Géant et du Tacul, et donne naissance au torrent de l'Arveyron.

Comme presque tous les glaciers des Alpes, la mer de Glace recule. Actuellement, seul le glacier du Géant, situé en haute altitude, constitue encore une zone d'accumulation. Mais cette accumulation n'est pas suffisante pour compenser la fonte estivale.

Si le front du glacier, situé dans une zone peu accessible, ne permet pas au grand public d'observer le recul du glacier, les nombreuses photographies prises du Montenvers depuis la fin du XIXe siècle montrent bien la baisse importante de l'épaisseur de glace (150 mètres environ).

L'HOMME ET LA HAUTE MONTAGNE
Entre crainte et fascination…

De tout temps, et dans toutes les cultures, la haute montagne a fasciné l'homme. Ces vallées inhospitalières et ces sommets escarpés faisaient peur: c'était le pays des esprits, des fées et des démons. On ne s'y aventurait pas par plaisir.

Les premières ascensions ont lieu pour des raisons pratiques: on va en montagne pour chasser, pour cueillir une plante rare, ramasser des silex… La découverte en 1991 à la frontière italo-autrichienne, à plus de 3 000 mètres d'altitude, d'un corps momifié prisonnier des glaces – baptisé *Oetzi* – prouve qu'au néolithique déjà, des hommes s'aventuraient occasionnellement en haute montagne.

Au Moyen Âge, des colporteurs franchissent régulièrement les cols pour commercer de part et d'autre du massif. Les bergers montent y faire paître leurs troupeaux… Mais on va bientôt gravir les sommets pour eux-mêmes: en 1492, Charles VIII charge Antoine de Ville de gravir le mont Aiguille, dans le Vercors. Certains historiens y voient la naissance de l'alpinisme.

Mais c'est la première ascension du mont Blanc, en 1786, par Jacques Balmat (paysan

Statue d'Horace Bénédict de Saussure à Chamonix.

Edelweiss, fleur symbole des montagnes, qui pousse en haute altitude, sur des sites dont l'accès est difficile.

Chamois (Rupicapra rupicapra), *symbole d'endurance et d'agilité, qui se reconnaît aisément à ses petites cornes crochues.*

Pour attirer encore plus de touristes, les stations de ski s'affichent partout en Europe.

et cristallier de la vallée de Chamonix) et le Dr Paccard, qui ouvre vraiment la voie de la haute montagne. Cette première ascension a lieu sous l'impulsion du savant genevois Horace Bénédict de Saussure. Car c'est dans un but scientifique qu'on gravit les montagnes !

Quelques dizaines d'années plus tard, de jeunes Anglais en route pour l'Italie (où ils vont étudier les chefs-d'œuvre de l'Antiquité et de la Renaissance) aperçoivent ces fabuleuses cimes enneigées. Ils aiment l'effort physique, pratiquent le rugby et la randonnée… Et se lancent bientôt à l'assaut des plus hautes montagnes ! C'est l'époque de l'alpinisme sportif, où il faut se dépasser par plaisir... En espérant, au passage, laisser son nom dans l'histoire.

En une dizaine d'années, tous les sommets de plus de 4 000 mètres sont vaincus. Le mont Cervin, à la frontière italo-suisse, tombe le dernier, en 1865, sous les assauts de l'Anglais Edward Whymper et du Français Michel Croz. Les temps héroïques de l'alpinisme prennent fin… La technique va évoluer, les mêmes sommets seront escaladés par des voies plus difficiles, puis les alpinistes se tourneront vers les montagnes d'Amérique et d'Asie.

En même temps, les Alpes deviennent le terrain de jeu des touristes de toute l'Europe, qui viennent se mesurer au rocher et à la glace, ou simplement rêver devant ces lieux légendaires… Les rails des trains à crémaillère se lancent à l'assaut des pentes, suivis de près par les câbles des premiers téléphériques… Aujourd'hui, seul le mauvais temps peut empêcher les hélicoptères d'atteindre, en quelques dizaines de minutes, les refuges jadis inaccessibles.

Cristaux et cristalliers

Le cristal de roche – ou quartz – est connu depuis l'Antiquité. Cette matière transparente fascinait : on l'utilisait pour lire l'avenir (dans la fameuse *boule de cristal*). Les Égyptiens, les Grecs et les Romains l'utilisaient pour fabriquer des objets. Au Moyen Âge, il servait dans l'orfèvrerie et la bijouterie. On en incrustait la vaisselle de table, car il avait la réputation de blanchir au contact du poison !

À époque de la Renaissance, on s'en sert dans la décoration, puis aux XVIIe et XVIIIe siècles, dans la fabrication des lustres. Mais le cristal artificiel apparaît, et remplace peu à peu le cristal de roche, qui devient alors un objet de curiosité pour les passionnés de sciences naturelles. On se met à collectionner les minéraux, en cherchant à acquérir les pièces les plus grosses, les plus régulières ou les plus belles. De nos jours, les bourses aux minéraux sont toujours nombreuses dans les Alpes.

La chasse aux cristaux en montagne se pratique donc depuis des siècles. Dans la vallée de Chamonix, le chasseur de cristal le plus célèbre reste Jacques Balmat, le vainqueur du mont Blanc. Mais pour beaucoup d'autres montagnards, qui vivaient dans des conditions difficiles, en élevant quelques bêtes et en cultivant de maigres parcelles, la vente de cristaux permettait d'améliorer le quotidien.

Pour faciliter l'accès de la montagne aux touristes, des téléphériques sont construits. Des stations sont installées de plus en plus haut comme ici, en 1923, sur le Mont-Blanc à 3 843 mètres d'altitude.

Station du téléphérique (qu'on appelle dans les années vingt « funiculaire aérien ») en construction à 2404 mètres d'altitude. Le paysage souffrira de ces pylônes (pouvant atteindre une hauteur de 33 mètres) installés dans cette nature majestueuse.

Des aviateurs suisses atterrissent (en 1921) sur le col du Dôme dans le massif du Mont-Blanc pour photographier le mont Maudit et réaliser la photo reproduite page 41.
À gauche : Les humoristes se mettent à se moquer du tourisme alpin. Ici l'invention farfelue d'un grimpe-montagne, parue dans la revue Scraps *de Londres en 1896.*

Mont Blanc du Tacul et la Dent du Requin au fond. Trois alpinistes traversent la mer de Glace. Photo prise vers 1911 par Donald McLeish (1879-1950).

Pour distraire les touristes on invente ou redécouvre des jeux comme ici le curling, sport paisible…

Ou à gauche le saut de ski, ou ci-dessus, le ski-kjoring (ski attelé), plutôt pour des amis du risque, pratiqué aux jeux Olympiques d'hiver en 1924 à Chamonix.

Des négociants venus d'Italie, de Lyon ou de Genève, venaient acheter les quartz récoltés parfois au prix de mille acrobaties.

Aujourd'hui, pour éviter les abus, la récolte des cristaux est réglementée. Il ne reste à Chamonix qu'une poignée de cristalliers, prêts à s'aventurer dans les zones inaccessibles et dangereuses que personne n'a encore explorées.

Aujourd'hui, on utilise les cristaux pour la fabrication de lampes, de lentilles, de verrerie et d'instruments de précision.

Le mot quartz vient du grec krustallos *« glace », parce qu'on pensait qu'il s'agissait de glace créée par les dieux. Depuis le Moyen Âge, on en fait notamment des boules de cristal pour prédire l'avenir.*

Bibliographie

Aldebert, Max (présentée par) *« Conquête de la haute montagne »* Jeunes Éditions 1947 Paris
Baedeker, Karl *« La Suisse et les parties limitrophes de la Savoie et de l'Italie – Manuel du voyageur »* Karl Baedeker 1911 Leipzig et Paris
Chaubet, Daniel *« Histoire de la Compagnie des guides de Chamonix »* La Fontaine de Siloé 1994 Les Marches
Couzy, Agnès; Donzel, Catherine; Rasper, Martin; Walter, Marc *« Voyages dans les Alpes »* Éditions du Chêne 2007 Paris
Frangne, Pierre-Henry; Jullien, Michel; Poncet, Philippe *« Alpinisme et photographie, 1860-1940 »* Les éditions de l'amateur 2006 Paris
Frison-Roche, Roger; Tairraz, Pierre *« 50 ans en montagne »* Arthaud 1974 Paris
Hoibian, Olivier (sous la direction de) *« L'Invention de l'alpinisme »* Belin 2008 Paris
Payot, Paul *« Chamonix et le mont Blanc »* B. Arthaud 1949 Grenoble, Paris
Vallot, Charles *« Guide Vallot, Chamonix-Mont-Blanc, Saint-Gervais »* B. Arthaud 1950 Grenoble, Paris
Villeneuve, A. de *« Le Carnet d'un touriste – Suisse et Savoie »* Eugène Ardant et Cie sd Limoges
Whymper, Edward *« Escalades dans les Alpes »* Hoëbeke 1994 Paris

Plusieurs numéros de la revue *« L'Alpe »* Glénat – Musée Dauphinois Grenoble.

Les Grandes
Jorasses
Dent
du Géant
Col
du Géant
Aiguille
du Dru
Glacier
du
Géant
Dent du Requin
Glacier
du
Tacul
Glacier de
Leschaux
Mer de
Glace